UN MOT

SUR

LE PASSÉ, LE PRÉSENT ET L'AVENIR.

TOME VII

IMPRIMERIE DE POUSSIN,
Rue de la Tabletterie, 9.

UN MOT

SUR

LE PASSÉ,

LE PRÉSENT

ET L'AVENIR.

PAR

UN POLITIQUE,

DONT LES PRÉVISIONS SE SONT TOUJOURS ACCOMPLIES *.

Voilà la meilleure des républiques.

LAFAYETTE.

PARIS,

CHEZ DELAUNAY, LIBRAIRE,

PALAIS-ROYAL.

20 OCTOBRE 1831.

INTRODUCTION.

———

Si la politique court les rues , si chacun veut prendre une part plus ou moins active aux affaires de l'État, c'est que l'intérêt, ce puissant mobile de nos actions , nous dit que les affaires de l'État sont aussi les nôtres; c'est qu'à ce sentiment, auquel nous voudrions en vain échapper, vient s'en joindre un autre qui, tout d'honneur, exerce un empire bien plus puissant encore sur le cœur d'une nation grande et généreuse. . . . . . c'est l'amour de la patrie. A l'époque d'une régénération peut-être sans exemple, dans un moment où tout est à créer, à édifier, quand des monumens durables de la sagesse d'un peuple qui a si héroïquement reconquis son indépendance, doivent être élevés et attester aux générations futures tout ce que peut enfanter l'alliance de la liberté avec l'ordre, il n'est pas un Français, digne de ce nom, qui ne veuille travailler à ce grand œuvre, chaque individu veut poser une pierre de l'édifice, veut concourir au bonheur de tous; cette généreuse émulation, cet amour du bien, sont toujours respectables, même jusque dans leurs plus grands écarts.

Des désirs immodérés, des inquiétudes, des passions violentes, quelques excès même, ont créé des embarras et retardé (car ils ne peuvent l'empêcher), de quelques jours seulement, l'accomplissement des hautes destinées de la France; ces maux passagers, que notre impatience prolonge, touchent à leur terme; pour les faire disparaître, il ne faut que le vouloir; il ne faut que savoir apprécier notre véritable position; je vais essayer de le procurer. L'examen auquel je vais me livrer sera succinct, exempt des recherches du style, écrit de manière à être compris des intelligences les plus communes; je m'adresserai plutôt à la raison qu'à l'esprit; je m'identifierai, autant que possible, avec les désirs d'un public que tant d'événemens divers ont rendu impatient et inquiet, dont l'imagination trop active intervertit l'ordre des temps, pour qui hier est

est déjà vieux , aujourd'hui est passé et demain est arrivé ; en la réglant, cette imagination , je m'efforcerai de la suivre , je ne rappellerai le passé que pour arriver au présent, et le présent que pour plus tôt prédire l'avenir. Je ne fatiguerai pas le lecteur par des dissertations , des citations sans objet ; je n'irai pas fouiller dans l'histoire des diverses nations pour établir des rapprochemens plus ou moins favorables aux institutions qui doivent nous régir : notre position n'a aucune analogie avec celle des autres États ; c'est donc chez nous seulement qu'il faut suivre les événemens , étudier les hommes et les choses. Pour les suivre et les étudier, voyonsles de près, tels qu'ils sont, dégagés des prestiges qui les environnent, prenons, pour ainsi dire sur le fait les actions , les discours , les pensées de nos hommes d'État. Cette étude est tout l'avenir ; elle fera de la politique , qui ne peut tarder à être érigée en science , une science exacte, positive comme celle des nombres , et non plus conjecturale.

J'aurai nécessairement quelques fautes à rappeler , quelques noms à citer ; je les signalerai avec courage , mais avec cette franchise, cette impartialité, et tout à la fois la réserve d'un Français qui chérit son pays, qui sait attaquer et blâmer les erreurs, mais toujours respecter les personnes. Je me hâte donc de le déclarer, si, dans une esquisse aussi rapide, des expressions équivoques contre des hommes dont j'admire le caractère autant que j'aime et honore le talent m'échappent, je dois être absout, car ma plume aura trahi les sentimens de mon cœur.

UN MOT

LE PASSÉ, LE PRÉSENT ET L'AVENIR.

DE LA CHAMBRE DES DÉPUTÉS

ET DE L'OPPOSITION.

Dans un gouvernement représentatif, en France, surtout, les pouvoirs de la chambre des députés sont immenses ; elle fait plus que d'accepter, rejeter et modifier les lois, elle les inspire au gouvernement. C'est en effet dans son esprit bien connu qu'il en puise les principales dispositions, elle fait et défait les rois (bien que M. de Cormenin lui en refuse le droit). Tous ses actes, ses pensées, je dirai même ses gestes sont significatifs, ils ont une influence plus ou moins directe sur nos destinées. De là vient l'importance qu'on attache à la composition de la chambre ; tout s'émeut, tout s'agite au vote d'une loi électorale ; tout s'émeut, s'agite, surtout quand on l'exécute ; l'intérêt et les passions trompent sans doute, mais seulement parce que la sagesse de poser des bornes à leurs prétentions leur a été refusée. Autrement, nous l'avons vu, ces agitations, les soupçons mêmes étaient fondés, la nation était bien inspirée. Durant quinze ans, la ruse et la fraude, dans les dispositions de la loi électorale , dans son exécution surtout , ont produit les représentans d'une imperceptible minorité.

Notre examen sur la chambre des députés sera d'autant plus scrupuleux que c'est dans la juste appréciation de ces rapports avec le ministère , de ses votes, des motifs qui les dictent que se trouvent l'instabilité ou la durée du pouvoir , souvent même notre perte ou notre salut; rien ne doit donc paraître minutieux quand il s'agit de signaler, de caractériser les divers élémens dont elle se compose. Remontons à son origine , rappelons les scrutins les plus significatifs , enregistrons-les avec la véritable physionomie qui leur appartient , nous obtiendrons la solution de plusieurs questions politiques, et, pour résoudre les autres , il ne faudra pour ainsi dire que les énoncer.

Née de la révolution de juillet , la chambre de 1851 répond au vœu national , en faisant un appel au pays; le ministère du 13 mars a soumis ses actes à la sanction de son juge naturel ; il s'est présenté avec son système, déclarant qu'il résignait le pouvoir , si cette inscription constitutionnelle , *unité dans le cabinet, majorité dans la chambre,* était effacée de sa bannière : quelle anxiété ! Les élections étaient récentes : dans son calcul, chaque opinion se flattait d'avoir obtenu une immense majorité, avantage bien précieux; personne ne voulait avoir été vaincu , plusieurs des nouveaux élus étaient classés suivant des discours qu'ils n'avaient jamais prononcés ou des pensées qu'ils n'avaient jamais émises; mais le moment où les illusions devaient être dissipées approchait, la première épreuve était la plus périlleuse pour le ministère, il ne combattait pas ce jour-là avec des armes égales, il avait le désavantage du terrain; ses adversaires le sentirent : ils voulaient en faire une action décisive, vous le devinez tous, il s'agissait de la nomination du président de la chambre; les sentimens les plus honorables désignaient M. Lafitte; il avait laissé au fauteuil des souvenirs qui n'étaient point effacés. Des raisons d'un ordre supérieur puisées dans cette déclaration , *unité dans le cabinet* , le repoussaient. Pour être conséquent, le ministère a dû se prononcer contre ce grand citoyen, position bien fâcheuse sans doute, mais qu'il n'avait pas été libre de choisir. Apprécions bien les actes, la nomination de M. Lafitte n'était pas la condamnation du système de son successeur : dans ce vote, la majorité ne pouvait se faire connaître. Ce jour-là plus de soixante membres devaient s'en détacher pour céder à l'influence d'un beau caractère : j'éprouve quelque satisfaction à le proclamer, si j'avais eu l'honneur d'être membre de la chambre, bien que j'eusse connu la responsabilité de mon vote, l'embarras qu'il pouvait dans le moment créer à mon pays, mon suffrage eût appartenu au concurrent de M. Girod de l'Ain. C'eût été pour moi le plus grand sacrifice; les vertus de M. Lafitte auraient pu seules me l'arracher.

De cette conséquence que des sentimens étrangers à la politique diminuaient les chances du ministère, il en résultait que la majorité ne devait plus être douteuse dans les scrutins postérieurs : cinq voix ont décidé de la victoire, qui, en toute autre occasion , eût été une défaite devant laquelle le ministère eût dû sonner la retraite. Si telle fut, comme on l'a prétendu, la première pensée du président du conseil, je crois qu'il avait mal compris sa position. Un événement imprévu vint interroger le patriotisme guerrier du cabinet (on sait comment il a répondu), et fit suspendre sa résolution; l'adresse en réponse au discours de la couronne fut attendue comme un jugement en dernier ressort : nouvelle anxiété! La composition de la commission, bien que les noms étaient significatifs, plaisait à tout le monde, chaque opinion y retrouvait encore sa majorité; la seconde épreuve ne fut pas beaucoup plus décisive que la première; le vote ne fut qu'une semi-approbation du système ministériel ; il réserva à la chambre toute son indépendance pour l'avenir; c'était dans la situation des esprits et dans l'état des choses faire preuve de beaucoup de tact et d'esprit, aussi cette adresse demeurera-t-elle comme un monument éternel du génie de son rédacteur *. Soixante-treize voix seulement ont protesté contre : point de combat, par conséquent point de victoire, point de *Te Deum* à chanter : je m'abstiendrai de rappeler les votes de la chambre sur des lois d'urgence de localité, sur des propositions déposées, des amendemens, sous-amendemens qui n'ont pu donner des résultats décisifs : plusieurs, soutenus par le ministère, ont été admis, d'autres ont été rejetés, plus généralement le vœu du cabinet a été entendu. C'est le moment de le dire aux députés appelés pour

* M. Etienne.

la première fois à siéger dans nos assemblées, ils apportent plus de talent, plus de bonne foi que de connaissance du mécanisme gouvernemental. Suivre l'impulsion de sa conscience est sans doute le premier devoir des députés; mais ce n'est pas tout, ils doivent, avec plus de soin qu'ils ne le font, se bien pénétrer d'abord du système général du gouvernement, et ensuite l'admettre ou le rejeter. De ce défaut d'examen et de fixité il en résulte une mobilité dans les suffrages, une majorité mouvante dans tous les scrutins secondaires qui semblent pour l'œil peu exercé, remettre sans cesse tout en question : une telle vacillation est nuisible, elle entretient les inquiétudes : la majorité existe, qu'elle soit donc plus compacte; l'incertitude, en France, est souvent pire qu'un mal réel.

Nous avons admis comme principe vrai cette devise du ministère : Point de gouvernement constitutionnel possible, sans unité dans le conseil, sans majorité dans la chambre. La France a répondu : Point de gouvernement constitutionnel sans opposition. A ce mot opposition, tout ce qui porte un cœur vraiment français se sent ému, elle représente tout ce que l'imagination peut se créer de plus grand en patriotisme, en talent, c'est cette portion de la chambre appelée à défendre plus spécialement les intérêts nationaux, c'est elle qui, après une lutte glorieuse soutenue pendant quinze ans contre les empiètemens du pouvoir, a préparé, amené le triomphe de la liberté; c'est elle enfin dont le drapeau planté au milieu du peuple porte cette inscription : *Honneur et patrie.*

Cette opposition est aujourd'hui divisée; une portion est au pouvoir ou l'appuie, l'autre s'en éloigne et le combat, voilà la cause principale de tous nos maux, ne la cherchons pas ailleurs, l'une ou l'autre se trompe, voyons la vérité. Dans cette recherche, défions-nous des antécédans , des intentions honorables qui ne peuvent plus suffire pour nous sauver, nous sommes donc conduits, par une réalité fatale, à diviser en deux camps, comme aux beaux jours de M. Villèle, la chambre de 1851. Dans l'un, le ministère et ceux qui appuient son système, dans l'autre l'opposition; les uns sont accusés de ne pas marcher, de ne pas donner à nos institutions tout le développement réclamé par la révolution de 1830; on accuse les autres de vouloir aller trop vite , et, par leurs désirs immodérés de per-fection, de nous conduire à la perte de biens acquis au prix de tant de sacrifices. Nous l'avons dit, ce sont les mêmes hommes qui naguère combattaient sous les mêmes drapeaux. Respect à leurs intentions; elles sont pures, nous ne signalons que les erreurs. Qui nous re-porte par la pensée au temps de la restauration? Est-ce le ministère par ses actes? est-ce l'opposition par ses discours? La France a répondu, et sa réponse lui coûte des regrets , et c'est contre ses affections les plus chères qu'elle condamne le langage de l'opposition; elle la retrouve avec le même talent, le même achar-nement à combattre les hommes investis de la con-fiance du prince; elle se demande où est le pouvoir à renverser; il n'est que créé; il est l'ouvrage de tous. Qui dirige le cabinet? l'orateur qui, pendant quinze ans, a combattu dans vos rangs; qu'avec quelque orgueil vous proclamiez votre chef, que le pays et vous vous eussiez désigné au choix du souverain, n'a-t-il pas été comme vous l'homme de juillet? Quel changement s'est donc opéré en lui? A-t-il été infidèle aux pensées de toute sa vie? a-t-il trahi? Où sont les traces de la trahison? De tant d'accusations vagues qui se dérobent pour ainsi dire à l'analyse, je me suis appliqué à les rechercher partout. Je ne les ai rencontrées nulle part; qu'a-t-il voulu? qu'a-t-il promis le ministère? *Prospérité dans l'intérieur; à l'extérieur, la paix en harmonie avec l'honneur national.* Sentinelle avancée, l'opposition doit veiller à l'accomplissement de ces promesses et avertir le pays quand elle a la certitude qu'il est trompé; mais la raison publique a posé des bornes à l'attaque; pour l'apprécier, elle la veut dégagée de tout intérêt personnel; elle la veut digne de ses représentans, franche et loyale. Poursuivre sans cesse des fantômes qu'on ne peut saisir, relever avec acrimonie des faits insignifians, minutieux; quand un fait avancé est controuvé, se rejeter sur un autre qui ne laisse pas plus de conviction dans les esprits, c'est manquer de tact, c'est compromettre une belle prérogative, celle d'instruire le pouvoir en servant son pays. Que l'opposition y prenne garde, du sublime au ridicule il n'y a qu'un pas......

Tous les adversaires du ministère réclament les conséquences de juillet; j'avoue que j'ai été séduit d'abord par ces mots qui sonnent assez agréablement à l'oreille; j'ai donc examiné quel sens véritable ils présentaient, et avec beaucoup d'attention, je me suis ensuite assuré que chacun accommodait selon ses goûts et ses intérêts les conséquences de juillet. Pour la France, elles m'ont paru devoir être le renversement d'un trône désormais incompatible avec nos besoins et nos mœurs, et la conquête d'institutions pour lesquelles nous nous sommes disputés pendant quinze ans et battus pendant trois jours ; le trône s'est abîmé, un prince dès long-temps l'objet de nos affections a été élevé sur le pavois; les affaires de l'État ont été remises aux mains de ces hommes que nous étions habitués à reconnaître comme nos plus fidèles mandataires. Louer et blâmer sans restriction est un mensonge auquel je ne descendrai jamais; sans doute ils n'ont pas fait plus de chefs-d'œuvre qu'ils n'en feront, la fragilité de l'esprit humain entachera toujours leur ouvrage; ils ont commis des fautes de détail, des injustices même, peut-être, car ils ne peuvent être et voir partout, bien et juste au même instant; ils sont forcés souvent, et c'est le plus grand mal, de voir et de répondre par les yeux et l'organe de leurs subordonnés, le ministère enfin n'a pas reçu un brevet de perfectibilité; mais ne nions pas le bien, l'amélioration; ils existent, le temps, la sagesse, les conseils fermes, mais justes et mesurés de l'opposition, feront le reste. Si nous souffrons, si l'imagination qui, dans ses désirs, court toujours au-delà de la réalité, ne recueille pas encore tous les fruits d'une victoire qui nous a rendus trop impatiens, quelle latitude ne nous reste-t-il pas pour exposer nos griefs? Nous pouvons nous plaindre en prose et en vers, les amateurs peuvent même faire des émeutes; je suis très partisan de cette liberté de tout dire et de tout écrire.

Je n'en suis aucunement effrayé, bien persuadé que la liberté de la presse tue la licence, comme les émeutes tuent les émeutes. Notre sagesse, notre expérience, l'emporteront; les résultats ne peuvent être douteux. Des lois faites dans l'intérêt de tous, deviennent applicables quand ce qu'on fait, ce qu'on dit, ce qu'on écrit, tend à restreindre ou à augmenter dans des proportions nuisibles les véritables conséquences de juillet. Pour apprécier, juger ces délits, nos pairs, nos concitoyens, ont été désignés; on ne peut contester la modération qu'ils ont apportée dans leurs décisions, je m'en applaudis, et je crois qu'ils auraient mal compris notre révolution s'ils avaient agi autrement. Revenons, après cette petite digression, qui tient au sujet, à la chambre des députés. Un jour, et personne ne l'a oublié, la séance faillit être funeste au ministère; je puis dire qu'elle faillit l'être au respect que recommande une réunion d'hommes, l'élite de la nation; l'orage fut d'autant plus difficile à calmer qu'il n'avait pas été prévu; ce fut une éruption volcanique non précédée de détonations.

Ce jour, dis-je, le président du conseil était à la tribune; on crut qu'il voulait rouvrir une discussion fermée; soutenu par les uns, il fut accusé par les autres; ses véritables paroles ne purent distinctement parvenir à l'assemblée, les têtes s'échauffèrent, l'incertitude du résultat donna de l'exaltation aux membres qui en sont ordinairement les moins atteints. Quels pénibles souvenirs ne laissent pas de semblables débats! Ils montrent aux hommes les défauts des hommes, on sait bien que ceux-ci n'en peuvent être exempts; mais il est des nécessités auxquelles nos députés devraient chercher à échapper. Ils ne le purent pas, sans doute; le tumulte fut *crescendo*. Le président de la chambre ne fut plus maître de diriger la discussion, on sortit en désordre; la séance fut levée et remise au lendemain. Que de joies se préparaient! Un combat à mort semblait se livrer.... Il en fut autrement, et les hommes doués de quelque portée dans l'esprit l'avaient prévu. La veille, tout le monde avait été fou; le lendemain, tout le monde fut sage : que j'éprouve de satisfaction à le rappeler! car si, de conviction, et comme un ami qui blâme ceux qu'il aime, je combats quelques erreurs de l'opposition, mon bonheur est de signaler les droits qu'elle a souvent à la reconnaissance nationale. Le lendemain elle ne conserva aucun fâcheux souvenir des scènes de la veille; ses membres les plus influens vinrent dire qu'ils avaient mal entendu, qu'ils n'avaient pas compris, au milieu du bruit, que c'était sur le rappel au réglement que le premier ministre voulait parler. La chambre reconquit sa dignité. Une transaction eut lieu; et si la paix ne fut pas signée, un armistice du moins fut consenti de bonne grâce.

Il y a eu, dans cette circonstance et dans celle qui se rattache à la nomination du président de la chambre, de la part des membres de l'opposition, un esprit, un tact qu'il est de notre devoir de rappeler, et qui peuvent avoir échappé à quelques personnes; on se souvient de la faible majorité obtenue par le concurrent de M. Lafitte ; on vient de voir une séance qui avait dû laisser de l'incertitude dans la détermination du ministère ; il semblait céder à la lassitude et au dégoût. A ces deux époques on murmura les noms de leurs remplaçans. Ils étaient choisis dans l'élite de l'opposition ; ceux-ci le surent, ils se regardèrent alors ; ils interrogèrent le pays, ils le trouvèrent inquiet ; leurs yeux semblaient se dessiller ; ils se voyaient déjà au pouvoir entourés des écueils qui l'assiégent ; les choses n'étaient plus les mêmes, elles avaient pour eux une face nouvelle ; la perfection leur parut enfin un être imaginaire.... Le talent, le désir de bien faire leur manquaient-ils ? Non, sans doute ; mais ce jour-là ils étaient bien inspirés. Ils contribuèrent, par la sagesse de leurs actes, à consolider le pouvoir chancelant ; ils l'avaient prévu, et le disaient sans doute comme nous leur dirons : Vous avez sauvé votre popularité, peut-être même votre pays....; votre popularité, quinze jours au pouvoir, et elle avait disparu. Pensez-vous être les seuls, et surtout les meilleurs patriotes ? Non ! non ! Jetez un regard derrière vous, et vous verrez qu'il en est qui s'apprêtent à vous devancer, s'ils ne vous devancent déjà ; vos amis mêmes, vous n'eussiez pu les satisfaire. Quelle que soit l'étendue de vos lumières, auxquelles je me plais tant à rendre hommage, vous fussiez demeurés bien au-dessous de l'idée qu'ils s'en font ; la pensée est exigeante, elle veut plus de l'esprit, du dévoûment, que l'un et l'autre ne peuvent donner. Quelques-uns des vôtres en ont fait la triste expérience; entourés de murmures déjà, leur retraite les a sauvés du naufrage, et a pu seule les conserver dans leur position première.

Vous avez déjà nommé l'un d'eux, M. Odillon-Barrot; il parle toujours, et cela n'échappe à personne, comme un homme qui sait, par expérience, qu'il est facile de beaucoup promettre sur les bancs de l'opposition, mais qu'au ministère, ou auprès de lui, il est difficile de tenir parole. Les discours de cet honorable membre ont une physionomie toute particulière, pleins de pensées ingénieuses; ils sont comme une sorte de transaction entre les actes du ministère et les exigences de l'opposition : c'est qu'il est à même de juger de toutes les positions. Oui, le moment de la réalité est un écueil devant lequel viennent se briser toutes les popularités, toutes les plus belles réputations. Aussi je dirai de nos jours à l'homme qui serait jugé le plus instruit, le plus capable de diriger les affaires, pour qu'on le croie toujours, abstenez-vous.

Vous avez peut-être sauvé le pays. En effet, il vous eût été impossible de gouverner avec une chambre où vous n'avez pas la majorité; vous êtes trop prudent pour avoir pris sur vous la responsabilité de nouvelles élections, c'est un moyen que la couronne doit tenir en réserve, mais dont l'emploi, trop fréquent, deviendrait funeste. Ne perdons pas le souvenir du passé. Dans la situation des esprits, les élections auraient produit et produiraient encore les mêmes élémens, les mêmes opinions. Nous devons le remarquer, un des talens de l'homme d'État, dans un gouvernement comme le nôtre (et plus d'une fois il leur a manqué; que de conséquences fâcheuses en sont résultées!), est de savoir apprécier qu'elle doit être à telle ou telle époque les résultats des élections; il ne peut le savoir que par une étude de tous les instans, dans un pays où les opinions se modifient suivant les actions de ceux qui prennent part aux affaires, et suivant les événemens de tous les jours. Et dans quel moment eussiez-vous provoqué une nouvelle crise, alors que l'incertitude était partout, la stabilité nulle part; que les résultats de négociations entamées étaient attendus; que des mesures prises demandaient pour être continuées les mêmes pensées, les mêmes hommes qui les avaient conçues? Vous avez su apprécier votre position; vous êtes demeurés au poste d'honneur où vous ont appelé les suffrages de vos concitoyens; les services que vous y rendez vous donnent une assez large part à la reconnaissance du pays.

Convenons que l'opposition, quel que soit son caractère, est une cause plus ou moins grande d'embarras pour les gouvernans; nous venons de voir celle qui se déclare ouvertement, qui a la franchise d'accepter même la responsabilité de ses actes. Si elle se trompe, c'est toujours de bonne foi; il en est une autre, et nous devons la signaler; c'est un engagement pris (sans attaquer davantage ses intentions), elle est moins facile à saisir, par conséquent plus difficile à combattre, plus dangereuse pour les divers ministères qui se succèdent; elle a existé de tous les temps avec des nuances appropriées aux circonstances, ceux qui la composent blâment et louent avec restriction. Ils ont généralement l'adresse de faisser penser qu'il existe quelque chose de mieux, et qu'ils sont capables de le faire. Ces hommes d'État sont toujours là, prêts à remplacer le ministère qui tombe; ils sont aussi comme une transaction entre ceux qui partent et ceux que les opinions extrêmes voudraient voir appelés au timon des affaires. Je ne crois pouvoir trouver d'expression plus propre à rendre mon idée qu'en les désignant sous le nom de *ministres en disponibilité*. Dans la chambre actuelle, MM. Bignon, Clauzel, Humann, de Cormenin, etc., figurent avec avantage parmi ces derniers; ils ont aussi des systèmes, et, pour notre plus grand bonheur, ils veulent les mettre en pratique, car il n'est pas un homme d'état, quelque faible que soit sa clientelle, ou, pour me servir de terme à la mode, le nombre *de ses amis politiques*, qui ne brûle du désir de nous sauver. De telles intentions sont louables sans doute; mais il faut en convenir, des essais trop réitérés nuisent à la prospérité publique. Je pense donc bien que si le ministère éprouvait, non pas un changement total (car M. Périer y commandera toujours en chef); mais ce que l'on est convenu d'appeler une modification, un replâtrage, ce sont ces messieurs qui seraient les élus. Toutefois, la chance de M. Cormenin est plus éloignée, ce député a de l'originalité dans les opinions; doué de beaucoup de talent d'ailleurs, il veut qu'il ne ressemble en rien à ceux des autres; il est unique dans son genre, un jour ses discours plaisent à tout le monde, un autre jour, ils sont condamnés par tous les partis; il n'entre pas dans mon plan d'analyser ses différentes lettres insérées dans les journaux, je le ferai peut-être dans un ouvrage de plus longue haleine, où je m'efforcerai de traiter à fond des questions que je ne peux qu'effleurer aujourd'hui. Je crois donc qu'il ne lui est pas réservé de goûter les douceurs ou les amertumes du ministère; pour y commander, il faudrait au moins qu'il fût compris de six de ses collègues, et, pour obéir, il faudrait qu'il soumît ses pensées à celles d'un autre, ce qu'il ne fera pas : à lui seul, il est un système. Si un ministère de gauche était possible, c'est M. Odillon-Barrot qui le dirigerait. Il est des nécessités auxquelles il faut obéir et contre lesquelles viennent se briser même les volontés des souverains : avec un peu d'attention, on peut les prévoir. Il suffit de remarquer que dans les temps transitoires, quand la stabilité n'est encore ni dans les esprits ni dans le gouvernement, nous devons passer par toutes les capacités, c'est une nécessité de position, et comme elles ont, ainsi que nous l'avons indiqué, un caractère distinctif, particulier, bien connu, il ne faut que consulter avec quelque attention les événemens du moment, la manière dont l'opinion en est frappée pour prédire quels sont les hommes, les talens dont, à chaque époque, nous sommes menacés.

C'est donc ainsi que, sans être sorcier, encore moins savant (on s'en aperçoit bien), j'ai, avec quelque assurance et avec quelque succès, indiqué, avant les élections même, quelle serait la majorité de telle ou de telle chambre, ses président, vice-présidens, etc.; que j'ai quelquefois aussi prévu la chute des ministres et nommé leurs successeurs ; je donne mon secret sans réserve, je désire qu'il profite à tout le monde.

Nous venons de voir les diverses oppositions de la chambre; elles ont des échos, et de la chambre elles passent dans les journaux et même dans la rue; elles peuvent encore ici rendre de grands services au pays; elles en ont rendu et nous en promettent sans doute de nouveaux; elles n'ont pas là la dignité, la réserve que prescrivent à la chambre les bienséances parlementaires, nous devons être justes, être tous disposés à les en dispenser; mais pouvons-nous, quelque satisfaits que nous soyons de les voir délivrés de toutes les entraves qui naguère s'opposaient à l'expression de leurs véritables pensées, nous empêcher de convenir que l'une et l'autre usent largement du droit qu'elles ont conquis, et souvent même de manière à nuire plutôt à la cause de la liberté qu'à la servir. Ce n'est que cette conviction qui me décide à leur adresser quelques reproches; nous gémissons de ce qu'elles ne respectent pas toujours la vie privée, qui devrait être murée. Nous le voyons souvent : quelques journaux cèdent trop facilement aux charmes de dire un bon mot, de faire une plaisanterie plus ou moins ingénieuse. Ce sont des armes toutes françaises, mais si redoutables, que lorsqu'elles frappent juste un homme d'État, elles font l'effet d'un boulet de canon; elles le tuent. Je suis loin de les proscrire, pour mon compte. Je dois des égards et de la reconnaissance pour les momens agréables qu'elles m'ont fait passer. Faites donc toujours de l'esprit, puisqu'il vous coûte si peu. Inondez-nous de saillies, mais dirigez-les à propos; et faites que ces armes ne se tournent pas contre vous, et surtout contre votre patrie que vous voulez servir. Vous continuez, on peut le dire, la restauration; elle est dans vos colonnes, qui s'efforcent de nous prouver qu'elle n'existe que dans le ministère. Vous rétablissez, avec art, des dénominations dès long-temps flétries par l'opinion; c'est un avantage réel, parce que, pour se défendre de la prévention, il faut quelque examen, quelques réflexions, et que le plus facile est de ne pas examiner, de ne pas réfléchir. Par exemple, vous n'avez changé que les noms : les *trois cents* de M. de Villèle étaient le centre; la majorité qui appuie aujourd'hui le ministère est le *juste-milieu*; en feignant d'y voir les mêmes hommes, vous les plaisantez avec le même agrément. Eh bien ! quels sont ces hommes ? Nommons-les et jugeons : les Gérard, les Schonen, les Bérenger, les Ganneron, les Etienne, etc., etc., etc., tous généraux, magistrats, banquiers et hommes de lettres, dont les noms seuls sont un éloge, qui tous ont donné des gages non équivoques de leur attachement à notre révolution; vous relevez avec partialité jusqu'aux actes les plus indifférens de leur existence politique; vous ne passez rien. A en juger par votre sévérité, vous devez être bien parfaits; il est toujours une qualité qu'on est autorisé à vous refuser, celle de l'indulgence. Suivant votre maxime, d'épuration en épuration, je doute fort que le nombre des sages, en France, s'élevât *à sept.*

Tous ces excès affligent les opinions saines ; au lieu de les faire avancer, si elles n'étaient pas fixées, ils les feraient reculer. Voyez et jugez : les dernières élections de Paris ont été injustes, des hommes d'un patriotisme à toute épreuve ont été repoussés avec trop d'humeur, les électeurs ont voté pour ainsi dire au milieu des émeutes que leur imagination voit partout, et en haine de vos articles exagérés; ils ont eu tort, j'en conviens; ils ne comprennent pas bien encore toutes les conséquences de la liberté; mais s'ils ont eu tort, avez-vous raison? J'éprouve le regret de ne pas le penser.

Nous savons reconnaître que l'estime publique demeure justement acquise à plusieurs journaux dont le patriotisme et la constance à combattre tous les genres de despotisme leur donnent le privilége de diriger en grande partie l'opinion. Qu'ils la guident donc toujours dans de bonnes voies; qu'ils lui montrent les faits tels qu'ils sont; qu'ils blâment les actes du pouvoir, c'est juste; qu'ils lui donnent des conseils, c'est leur devoir; mais aussi qu'ils sachent avec courage reconnaître le bien où il est, et qu'ils le signalent; qu'ils ne redoutent pas de condamner les excès partout où ils les rencontrent. Comme nous, ils ne peuvent avoir qu'une même volonté, qu'une même pensée, nous ne voulons tous que le trône surgi des barricades; la république est jugée, ce n'est plus qu'une chimère, il n'en est plus question que pour mémoire et pour satisfaire encore quelques belles âmes que ce nom semble rajeunir; le premier républicain du monde, le plus fait pour l'être, le respectable Lafayette, enfin, l'a dit, la république est impossible en France.

Nous arrivons à une époque mémorable, où les

moyens, les forces de tous les partis, dans la chambre comme au dehors, ont été mis en mouvement; le combat enfin devenait décisif entre le ministère et ses adversaires; un événement des plus douloureux est annoncé (j'aurai occasion d'y revenir); il répand la consternation dans la capitale, la chambre ne peut rester impassible. Dans les grandes catastrophes, il faut trouver des coupables, on désigne le ministère, c'est naturel; trois honorables membres, MM. Laurence, Mauguin et Lamarque somment les ministres de rendre compte de leur conduite, d'en produire les actes justificatifs; ceux-ci déclarent être prêts à l'instant à répondre à toutes les interpellations qui leur seront adressées. M. Mauguin, chargé de poser les questions, demande le renvoi au lundi suivant (nous étions alors au vendredi), fondé sur un enroûment qui ne lui permettait que de s'expliquer difficilement. Cet accident, assez naturel chez un célèbre avocat, fit remettre la séance; mais les orateurs de la rue n'étaient pas enroués, et, du vendredi au lundi, ils posèrent les questions: ils firent plus, ils les résolurent. On sait ce qui s'est passé: il est peu de rassemblement un peu considérable, durant ces trois jours, dont je n'aie fait partie. Je les ai étudiés, et je cède au désir d'en esquisser la physionomie. On sait qu'il est facile de s'y *joindre*, car les émeutes sont, comme les spectacles à bénéfice, annoncées dès long-temps à l'avance, le lieu, le jour et l'heure en sont fixés: il est possible que bientôt il soit aussi question de location de loges; malgré les avis paternels du préfet de police, les curieux cèdent

à un charme irrésistible, au désir de s'instruire. C'est
sans doute ce motif qui m'y a conduit. Quatre *classes*
d'individus y prennent une part active. La première
est *la plus petite*, mais heureusement la plus nombreuse : ce sont des enfans désœuvrés qui courent,
cherchent le désordre et le bruit, et s'arrêtent partout
où ils les rencontrent; la deuxième est, à la satisfaction
des honnêtes gens, la moins nombreuse : elle n'est
composée ni de bourgeois, ni d'ouvriers ; ce sont de
véritables figures à émeutes. On ne les rencontre nulle
part ordinairement : ces jours-là ils sont partout en même
temps, ils sont même de tous les siècles ; car les hommes
qui ont vu les excès de *quatre-vingt-treize* peuvent dire
comme ce barbier de comédie, en considérant ces
jeunes agitateurs : il y a quarante ans que je les connais ; la troisième est formée de quelques jeunes gens
assez élégamment vêtus; le nombre en est petit : c'est
la haute classe, c'est l'aristocratie des émeutes ; les uns
sont appelés républicains : ils voudraient nous rendre
heureux malgré nous : nous ne pouvons nous plaindre,
ce n'est qu'une erreur du cœur; les autres sont des carlistes, qui ne voient rien de mieux, pour revenir au bon
temps qu'ils regrettent, que de passer par l'anarchie.
Mais la garde nationale et la troupe de ligne paraissent
ne pas partager le système de ces messieurs, car ils les
ont priés assez poliment, quoi qu'on en dise, d'aller
ailleurs les mettre en pratique. Je conviens que ces
réunions tumultueuses, où des cris, des vociférations sont
proférés, sont illégales et condamnables en ce qu'elles
nuisent autant à la véritable liberté qu'au commerce de

la capitale ; cependant je n'en ferai pas un épouvantail. Je désapprouve les journaux qui leur donnent souvent plus d'importance qu'elles ne méritent. Les émeutes ne peuvent se prolonger long-temps ; elles sont usées et ne présentent aucun caractère sérieux ; car que sont-elles ? que peuvent-elles être ? Tout au plus la manifestation d'un mécontentement isolé. Nous avons vu que les ouvriers, cette classe si intéressante de la société, qui supporte avec tant de résignation des maux que tout le monde s'occupe à soulager, n'en font jamais partie ; qu'ils comprennent que ce n'est pas le moyen d'obtenir des améliorations, mais au contraire celui d'en détruire la source. Que veut donc le très petit nombre de ceux qui expriment ainsi leur mauvaise humeur ? un changement, une révolution ? Mais ils ne sont donc pas susceptibles de réflexions sérieuses. Sans doute un système en pleine vigueur, un roi dont le trône est entouré d'une armée forte tombent au moindre souffle : trois jours ont suffi...; la plus vieille de nos monarchies a disparu ; mais pourquoi ? parce que cette chute existait, était déjà moralement arrivée depuis long-temps ; elle était dans toutes les têtes, dans toutes les pensées ; elle avait reçu l'assentiment du concours général de toutes les volontés ; en un mot, l'opinion avait parlé. Aujourd'hui il n'en est pas, et il n'en peut pas être ainsi : on veut ce qui existe, on veut la stabilité.

D'émeutes en émeutes, nous arrivons à la séance du lundi. Ce jour-là, grand déploiement de force de la part du gouvernement. Des groupes nombreux, mais inoffensifs, ne quittèrent pas les abords de la chambre.

Quelle était difficile et pénible, la tâche que s'étaient plus particulièrement imposée MM. Mauguin, Laurence et Lamarque ! Comment s'en sont-ils acquittés ? comme toujours : avec prudence et sagesse, quand ils peuvent avoir le temps de réfléchir. Ils avaient vu les excès du dehors ; ils pouvaient penser que leurs interpellations n'y étaient pas étrangères. Paris, la France attendaient : pouvaient-ils, ces nobles orateurs, par l'acrimonie de leur accusation, d'ailleurs dépourvue de preuve, je ne dirai pas diriger le poignard contre la poitrine de collègues, d'anciens amis (car il n'est pas un Français, quelles que soient ses opinions, capable de commettre un assassinat), mais seulement pouvaient-ils pousser des insensés au désordre ? Non, non, adversaires à la chambre, ils eussent au dehors donné leurs vies pour sauver celles des ministres. Mais pouvaient-ils aussi abandonner le rôle qu'ils s'étaient créé ? il pouvait y exister des coupables. Leur devoir, bien pénible sans doute, était de s'en assurer, ils ont su vaincre habilement la difficulté de leur position, ils ont posé les questions, ils ont demandé avec fermeté des explications, mais ils y ont mis des formes, ils ont évité de fournir des alimens aux passions populaires : toutefois, ces passions n'ont pas été dupes, elles n'ont plus, le lundi, reconnu les hommes du vendredi ; elles se sont plaintes de la mollesse de l'attaque ; qu'auraient-elles donc voulu ? Après des explications aussi franches que loyales de la part des ministres, M. Mauguin, en habile avocat, mais comme en désespoir de cause, et pour n'avoir pas l'air de déserter la défense, a demandé,

en fin de plaidoirie, l'admission de la preuve. Sa conviction n'était pas entière, aussi les juges, c'est-à-dire
la chambre, ont-ils cru rendre hommage à ses sentimens
secrets en la déclarant inadmissible. L'ordre du jour
l'a rejetée. Rappelons-nous quelle preuve il s'agissait
de faire : il fallait justifier que le gouvernement payait
avec l'or de la France des hommes qui cherchaient à
en déchirer le sein; qu'en un mot il faisait les émeutes.
L'existence de tels faits nous rappelle que dans certains
pays les lois criminelles ne renfermaient aucune pein-
contre des crimes que la nature jugeait impossibles; il
devrait en être de même aujourd'hui : des ministres assez
criminels pour agiter le peuple, l'exposer à porter sa
tête sur l'échafaud, et tout cela pour consolider un peu
leur puissance, seraient dignes du dernier supplice.
Non, non, nous ne serons jamais condamnés, sous
Louis-Philippe, à être spectateurs de ce barbare spec-
tacle; il ne peut être prévu..... Je conviens de la vérité de ce nouvel adage : les émeutes profitent au pouvoir. (Il faut convenir que cette année il a dû bien s'en-
richir) en ce sens que les excès, les accusations injustes
dirigées contre lui disposent les âmes honnêtes en sa
faveur. Mais qu'il use de cet avantage pour restreindre
la liberté, pour enchaîner la nation, c'est contre les
idées reçues, c'est contre ses propres intérêts, car il ne
peut l'ignorer, les pavés en déposent encore, le peuple
sait rompre ses fers et en charger ensuite ceux qui les
ont forgés.

Enfin, la chambre, après avoir entendu l'accusation
et la défense, a fermé les débats. Quelle anxiété ! le

résultat du scrutin fut proclamé ; deux cent vingt-un pour , cent trente-six contre ; la chambre absout , ce chiffre *deux cent vingt-un* a réveillé de glorieux souvenirs, il est venu prêter son appui au système des compensations. M. Azaïs a triomphé aussi. Un ministère avait été condamné par deux cent vingt-un , il fallait qu'un autre fût absout par deux cent vingt-un. Le ministère les retrouvera toujours dans les occasions décisives , toutes les fois qu'il s'agira de nos intérêts les plus chers ; avec elle il peut sauver la France , *il la sauvera* ; mais il ne lui serait pas donné de la perdre : loyale et consciencieuse , cette majorité l'abandonnerait le jour où il mentirait à son origine. Confiance donc dans la chambre de 1831 , confiance donc dans le ministère qu'elle déclare capable de conduire au milieu des flots encore agités le vaisseau de l'État.

DE LA CHAMBRE DES PAIRS

ET DE L'HÉRÉDITÉ.

De la chambre des députés à la chambre des pairs la transition est facile. Il est reconnu que la chambre des pairs est celui des trois pouvoirs institué pour balancer au besoin la démocratie de celle des députés ; il en résulte tout naturellement que le peuple se croit intéressé à en diminuer les prérogatives ; un privilége lui était accordé, celui de l'hérédité (je serai court, j'ai pour principe de respecter la cendre des morts). La révolution a détruit les priviléges, l'hérédité n'existait donc plus depuis 1830, elle ne tenait plus que par un fil : la chambre des députés vient de le rompre; elle s'est prononcée, on peut le dire, avec unanimité; la question était nationale, la nation l'a résolue. Dans ce vote, les calculs ordinaires devaient être dérangés; il ne s'agissait pas d'une lutte entre le ministère et l'opposition : personne n'a été vaincu; la victoire, c'est la chambre qui l'a remportée, trois cent vingt-quatre pour, quatre-vingt-six contre. La plus grande preuve qu'elle ne pouvait résister, c'est qu'elle est tombée malgré les efforts redoublés de ceux qui la soutenaient. Les accens de leur conviction retentissent encore à nos oreilles; ils ont été d'autant plus sublimes, ses défenseurs, que dès long-temps la cause était jugée, et qu'eux-mêmes ne se dissimulaient pas l'arrêt; rappelons-nous les paroles du président du conseil en apportant le projet de loi; son discours fut un chef-d'œuvre de circonstances; jamais un ministre ne fit preuve de plus de bonne foi, et ne sut mieux peindre les divers sentimens dont son âme était agitée.

Il s'est adressé au pays, et son langage peut être traduit à peu près ainsi : Je crains que nous ne soyons pas assez sages, que nos institutions ne soient pas assez fortes pour que la précipitation dans le jugement que nous allons porter ne nous laisse aucuns regrets; mais le ministre obéit à une conviction qu'il ne partage pas entièrement; il cède à l'opinion, cette reine du monde.

Cette manière de s'exprimer, neuve sans doute, est l'acte qui fait le plus d'honneur au caractère du ministre. On voyait bien qu'il eût désiré pouvoir reporter en 1832 la révision de l'art. 23 de la charte. L'hérédité était son opinion particulière; il a su en faire le sacrifice à son pays.

Quelques orateurs ont bien voulu s'emparer de cette déclaration pour s'en faire une arme contre M. Périer, entre autres l'honorable maréchal Clauzel. Avec de l'esprit, on dit de fort bonnes et de fort jolies choses; mais heureusement elles ne peuvent détruire un fait accompli et jugé. Ensuite M. Bérenger, organe d'une commission dont il ne partageait pas les conclusions, est venu, dans un rapport bien savant, rappeler des votes honorables à la pairie; il l'a montrée plus libérale dans quelques-unes de ses décisions que la chambre des députés...... Mais quelle chambre des députés? celles de 1826, 1827 et 1828. Ces actes semi-libéraux ne pouvaient trouver grâce en 1831. Trois orateurs, MM. Thiers, Guizot et Royer-Collard ont fait assaut d'esprit et de science. Après eux il n'y a rien de favorable à dire de l'hérédité; le premier de ces trois surtout a mis à la portée de tout le monde ses divers argumens. On ne peut les oublier, tous étaient faciles à saisir; il parlait, il conversait avec la France. Il a fait habilement ressortir les avantages des traditions; il a parlé de l'éducation soignée que recevait toujours celui destiné à la pairie; que si un homme d'esprit donnait naissance à un sot, d'un sot il pouvait naître un homme d'esprit, espèce de compensation qui ne laisserait pas la chambre des pairs sans une certaine quantité d'hommes à talens, et tous ces raisonnemens, quelque fondés qu'ils soient en eux-mêmes, ont échoué, parce qu'au fond ils étaient produits pour consacrer le privilége de la naissance. Cet orateur, au surplus, a, comme le président du conseil, reconnu la puissance de l'opinion. Il a dit : *C'est un torrent qui entraîne.*

M. Guizot attachait beaucoup plus d'importance au rejet de l'hérédité; ses expressions se sont un peu trop ressenties de l'affliction qu'il en éprouvait. Le chagrin de M. Royer-Collard a été encore plus sérieux; ses prédictions ont été sinistres; ce qui a eu lieu de nous étonner de sa part. Je ne dirai pas à M. Royer-Collard que généralement on prédit ce que l'on désire : il est au-dessus d'un tel soupçon. Pourquoi donc a-t-il vu tant de malheurs s'amasser sur nos têtes? Est-ce de notre faute? est-ce de la sienne? Je l'ignore; mais il est certain que nous n'avons plus reconnu cet orateur : ce n'était plus le député parlant et votant contre une loi électorale qui blessait nos droits les plus chers? Il n'était pas, à cette époque, seulement un beau talent; c'était une puissance. Depuis il est resté stationnaire, et le pays a marché; il semble ne plus comprendre nos besoins; son étoile enfin a pâli. Je le dis avec regret, en politique, M. Royer-Collard n'est plus qu'un *illustre mort.* La discussion sur l'hérédité a captivé l'attention publique et l'a portée vers la chambre des pairs; il fallait toute la gravité de cette question pour produire ce prodige; nous sommes assez indifférens à ce qui la concerne, et pourtant, il faut en convenir, la chambre du Luxembourg renferme des noms célèbres, chers à la nation ; elle a été veuve quelque temps d'un beau génie, vous l'avez tous nommé, c'est l'auteur de tant d'immortels ouvrages, M. de Chateaubriant, né avec une âme républicaine, son éducation, ses affections, sa position sociale lui ont fait suivre la fortune d'une dynastie que ses bons avis n'ont pu sauver de l'abyme. Pouvaient-ils l'écouter ces princes? ils ne le comprenaient pas ; il a presque aussitôt qu'eux quitté le sol de la patrie, on l'a blâmé. Je crois qu'on ne l'a pas compris : en s'éloignant, en demandant à un peuple, au moins pour quelque temps, un oubli que la reconnaissance ne peut lui accorder, il a été conséquent, il a connu sa position et la nôtre ; les événemens nous privent momentanément du secours de son éloquence : d'un côté il doit des larmes à l'infortune d'un vieillard (son âme en a toujours eu pour le malheur, quelque fût le nom et les crimes du malheureux); de l'autre, son culte pour la liberté prescrit des bornes à ses douleurs... C'est du silence que nous sommes forcés de lui demander. Mais il vient de le rompre ; il n'a pu résister : nous nous félicitons qu'il ait cédé aux vœux du poète national ; le féliciterons-nous sur son écrit? Non, mais il nous le fera bientôt oublier, il va prendre place dans cette chambre où les illustrations de toutes nos grandes époques iront se joindre à la sienne. Reconstituée, elle sera aussi française que la chambre des députés, elle gagnera en popularité ce qu'elle a perdu en privilége. Cette compensation ne peut lui laisser de regrets. Mais MM. de Tracy et Lemercier l'ont compris; la couleur de leur boule a été plus qu'un bon vote : c'est un acte d'héroïsme.

DE LA PAIX ET DE LA GUERRE.

Au moment de notre révolution, tous les trônes furent ébranlés, les principes de liberté qui venaient de triompher sur les bords de la Seine, avaient de l'écho en Europe. Les souverains, étourdis autant de la promptitude de la victoire que de la modération du vainqueur, demeurèrent comme frappés de terreur. Ils ne songèrent qu'à défendre leur couronne; ils mirent aux mains de leurs soldats des armes dirigées plutôt contre leur peuple que contre notre indépendance. Ce fait est vrai, nous devons le reconnaître; mais reconnaissons aussi que chez nous les embarras étaient encore plus grands; ils n'ont pas su les voir, apprécier les positions respectives, ils ont hésité, ils ont temporisé; eh bien! dès cet instant la guerre est devenue impossible, ils ne pouvaient plus, avec succès, fondre sur nous; leur hésitation avait donné le temps aux lieutenans de Napoléon d'organiser la victoire. L'honneur national a été confié au major-général de Waterloo, il s'est rendu digne de ce dépôt sacré; citons les faits : pendant les premiers mois de notre révolution, les rois avaient déjà sur pied des armées considérables, composées de vieux soldats; nous avions à leur opposer soixante-seize mille hommes de troupes réglées et notre *enthousiasme;* aujourd'hui, et depuis plus de huit mois, nous avons près de cinq cent mille hommes de troupe d'élite, quatre cent mille gardes nationaux prêts à rivaliser avec elles; mais un peu d'*enthousiasme de moins.* (Qu'est-ce que l'enthousiasme? une exaltation de sentimens généreux qui ne peut, une fois que l'objet qui l'a produit est accompli, exister au même degré; mais que le danger ou la cause renaissent, l'enthousiasme renaîtra.) Eh bien! une opinion assez nombreuse voulait que nous marchassions contre les trônes. Y étions-nous bien alors suffisamment autorisés? pouvions-nous d'ailleurs compter sur des auxiliaires dignes de nous?... L'exemple d'un peuple voisin répond à ces questions; ne réveillons pas de tristes souvenirs. Cette opinion se composait d'une portion de la jeunesse française, bouillante de patriotisme, brûlante du désir de faire revivre ces époques qui ont illustré nos armes; c'est naturel, elle ne les connaît en partie que de tradition; à elle se joignaient quelques vieux soldats plus accoutumés à consulter leur valeur qu'à compter le nombre des ennemis. Mais tous les hommes à expérience, l'immense majorité de nos anciens officiers pensèrent autrement. Jamais, peut-être, la nation n'a fait preuve de plus de sagesse; elle a eu la force de résister aux séductions de la gloire, c'est peut-être ce qu'elle a fait de plus grand; elle est désormais impérissable. Elle a résisté aux accens tout français de ce général qui semble à la chambre appelé à recueillir l'héritage de l'illustre Foy. Son ombre l'a bien inspiré, le général Lamarque a été entraînant, sublime; mais a-t-il toujours été raisonnable?.... Entraînant, sublime !.... Quelle âme n'a pas été électrisée au récit du voyage de ce boulet, qui parcourt victorieux l'univers, et range tous les peuples sous le même drapeau, celui de la liberté; mais avec de la réflexion, car enfin elle arrive, on s'aperçoit bientôt que ce n'est qu'un de ces tours d'éloquence auxquels nous a accoutumés le général. Non, non, l'enthousiasme ne suffit pas pour vaincre des soldats que le feu de la liberté ne réchauffe pas encore; combien est douloureuse l'expérience toute récente qui est venue nous le démontrer! Héroïque et malheureuse nation, ton enthousiasme et ta valeur t'ont fait mépriser le nombre de tes satellites.... Polonais !...................................... vous êtes tombés, et nous n'avons pu vous offrir que des larmes. Je vous entends, Français généreux, mais imprudens, vous écrier : C'est du fer que nous devions leur donner, c'est du fer ! Que ce don eût été beau, s'il eût été possible ! Si des affections, des sympathies nous rapprochent, cinq cents lieues nous séparent; des puissances armées nous eussent disputé le passage, et nous nous perdions. Nous pouvions périr pour eux, je le sais, mais ils périssaient avec nous; nos efforts étaient inutiles, il a fallu nous résigner. Aussi n'est-ce pas du jour seulement où nous avons appris la trop fatale nouvelle que les amis sincères des Polonais ont été en deuil, c'est de l'instant où l'impossibilité d'aller combattre avec eux, pour des principes qui sont les nôtres, a été reconnue. Notre espoir dans leur vaillance a pu quelques jours nous bercer d'illusions : on aime à croire ce qu'on désire; mais elles se sont évanouies. Ce jour de deuil a - t - il été bien compris par ceux qui en ont fait un jour de trouble? Ils ont pu prendre d'abord ce morne silence qui régnait dans la grande cité pour de l'approbation. C'était le jour des larmes : on croyait leur douleur sincère; on leur pardonnait même la manière bruyante dont ils l'exprimaient. Mais enfin le besoin de repos se fit sentir : la garde citoyenne reprit son poste. Position cruelle! elle dévorait ses larmes pour marcher contre ceux qui s'autorisaient d'une feinte douleur.... Devoir pénible, mais impérieux! ils ont su le remplir. Ils ne sont pas les seuls qui aient eu des répugnances à vaincre. Une prévention, que l'ancienne police n'a que trop justifiée, s'attache à tout ce qui en porte le nom. Il faut donc, je le sais, avoir quelque courage pour entreprendre de la défendre : je l'aurai. La police de la révolution n'est pas plus celle de la restauration que le *juste-milieu* n'est l'ancien centre. Des hommes nouveaux, appartenant en grande partie à notre vieille armée, décorés du signe de l'honneur, sont aujourd'hui chargés de veiller à l'ordre, à la sécurité de tous. Seuls ou mêlés avec la garde nationale et la ligne, ils ont fait preuve, dans ces dernières occasions, de courage et de patience. Il est possible qu'il y en ait qui se soient oubliés : quand l'attaque et l'irritation sont d'un côté, toute la vertu ne peut être de l'autre. Prévenons-les toutefois, disons-leur que les armes qu'ils portent ne doivent pas être dirigées contre leurs concitoyens; qu'ils ne doivent en user que dans le cas de légitime défense, et toujours avec une réserve extrême; que c'est l'arme au bras, l'épée dans le fourreau qu'ils doivent adresser leurs observations. Ce langage sera beaucoup plus éloquent qu'une charge de cavalerie; peu de mutins y resteront sourds. Polonais! vous serez plus justes que quelques-uns de nos concitoyens, vous croirez à la sincérité de nos regrets, à celle des vœux de toute une nation en faveur de votre noble cause. La diplomatie française ne vous abandonnera pas. Si elle n'a pu empêcher votre chute, elle la rendra moins dure. C'est une dette nationale que doit acquitter le gouvernement. Qu'il y songe! Je dis que la diplomatie n'a pu empêcher la chute de Varsovie, telle est ma conviction, parce que je crois à toute la loyauté d'un vieux soldat, dont la chambre a d'ailleurs apprécié et jugé la conduite. Ne nous le dissimulons pas cependant, de tous les ministres, c'est celui des relations extérieures qui peut le moins satisfaire ce besoin impérieux chez nous de tout voir, de tout connaître. Aussi, après celui qui dirige le conseil, est-ce le ministre le plus exposé à des soupçons qu'il ne peut pas toujours suffisamment repousser; le secret, nécessaire à garder sur les négociations, rend donc sa position dificile; c'est à son honneur à nous répondre des actes qu'il ne peut pas produire. Si nous nous y confions, qu'il juge de l'énormité du crime s'il trompait notre bonne foi!

Si tout ce que j'ai vu, tout ce que je vois, tout ce que j'ai examiné avec une attention scrupuleuse rend mon opinion favorable au cabinet, c'est que mon âme demeure convaincue. Je ne suis pas ministériel *quand même* ; je ne connais aucun de MM. les ministres ; j'avoue que j'ai le désir de voir le président du conseil, comme il y a unité et solidarité entre eux, qui en voit un les voit tous. Si je ne puis obtenir cette faveur, je n'en demeurerai pas moins son partisan jusqu'à ce qu'il me soit démontré que je suis dans l'erreur. S'il en était ainsi, je deviendrais d'autant plus sévère que j'aurai été trop indulgent.

Il est une cause morale bien puissante en faveur de la conservation de la paix en Europe : ne la négligeons pas. Nous reconnaissons tous que les mêmes faits produisent les mêmes résultats : la révolution de 1830 a été produite par les mêmes causes que celle de 89. C'est toujours le peuple qui souffre long-temps du pouvoir absolu, ou de quelque chose de semblable, et qui brise ses chaînes par un acte qui devient le plus saint des devoirs. Eh bien ! il semble que l'établissement de la république, par suite de la guerre, devait suivre le renversement du trône de Charles X. Les idées semblaient naturelles, il faut en convenir, il faut être franc, quelques personnes y songèrent ; il est certain que nous n'avons pas eu la république, parce qu'une première fois nous en avions fait la fatale expérience ; de même nous n'aurons pas la guerre parce que, nous le savons, et les puissances étrangères le savent aussi, qu'après quarante ans de troubles, d'agitations, de gloire, nous sommes revenus au même point d'où nous étions partis ; les rois aiment encore mieux rester en paix, tout tremblant qu'ils peuvent être sur leur trône, que de courir les chances de faire faire le tour du globe à la révolution ; de notre côté, nous ne sentons aucunement la nécessité de recommencer une série d'exploits qui ne peuvent être surpassés......... De la gloire ! et nous en avons été rassasiés, l'homme du rocher, l'honneur de son siècle, a fait de nous, sous ce rapport, le plus grand peuple du monde; nous vivrons long-temps de nos souvenirs. Tant qu'il restera un brave qui pourra dire : *et moi aussi j'étais de la grande armée,* nos aur iers seront toujours jeunes.

Chaque siècle, ou plutôt chaque époque a son caractère distinctif, sa physionomie particulière : celle de 89 demandait de la gloire, des conquêtes : un grand capitaine vint admirablement seconder nos dispositions; celle de 1830 se caractérise par un besoin de paix, un désir ardent de stabilité, surtout une soif d'institutions qui nous mettent à l'abri d'un nouveau bouleversement, et conduisent enfin, après un demi-siècle d'orages, le vaisseau dans le port. L'époque des prestiges est passé pour tout le monde; on veut des réalités ; on s'est trop long-temps nourri d'abstractions et d'illusions, nous allons enfin commencer le règne de la raison, nous pourrons avec sécurité cultiver les sciences et les arts. Je le prédis, nous n'aurons pas la guerre, la guerre est impossible.

DES CARLISTES DES DÉPARTEMENS

DE L'OUEST ET DU MIDI.

Les carlistes ou les amis de la famille déchue, d'abord

frappés de terreur, ont failli rendre les armes devant le miracle des trois journées; mais nos fautes (comme on en commet presque toujours après le triomphe), nos divisions, leur ont rendu le courage, l'espoir même; ils rient, ils se moquent, ils crient vive la république plus fort que les plus déterminés républicains; ils ont raison, ils font leur métier; c'est nous qui ne faisons pas le nôtre. Rendons leurs joies coupables, impuissantes; mais, avant tout, soyons justes, la justice est de tous les temps, elle seule est immuable, hâtons-nous donc de le reconnaître. Il en est parmi eux que l'éducation, les habitudes ont, à leur insu même, jeté dans ce parti qu'ils ont servi avec honneur et probité; plusieurs même ont gémi en silence sur des torts qu'ils n'ont pu empêcher. Ils sont demeurés attachés à cette dynastie par des liens de reconnaissance; leurs regrets ont quelque chose de légitime, sachons respecter jusqu'à leurs douleurs.

C'est ainsi que nous, amis sincères d'une liberté qui a le privilége d'élever et anoblir l'âme, nous ne reconnaissons d'autres ennemis que ceux qui, les armes à la main, veulent nous la ravir; montrons à ces hommes qui la calomnient parce qu'ils ne la connaissent pas, que cette liberté est pour eux-mêmes le rempart le plus assuré contre les excès qu'ils peuvent redouter. Qu'ils voient et qu'ils jugent leur système et le nôtre; ils la voulaient pour eux seuls, nous, nous la voulons pour tous; ils la calomnient, parce qu'il ne leur est pas donné de la bien comprendre ; parce que quelques fanatiques se déshonorent par le mauvais usage qu'ils en font. Ignorent-ils donc que la liberté est comme la religion, le plus beau culte, et que les excès des hommes ne peuvent détruire ce qu'elle a de pur et de divin? S'il en est donc qui aient droit à notre estime, il en est d'autres qui s'en rendent indignes : ce sont ces hommes qui profitent des avantages accordés à tous pour conspirer ouvertement contre la patrie commune. Le gouvernement ne doit pas les perdre de vue. Il doit veiller à la sûreté du pays. Le carlisme est représenté à la chambre des députés, il l'est dans les journaux. A la chambre, il faut en convenir, le nombre de ses représentans est petit; ce qui prouve que la nation, quand elle peut émettre un vote libre, n'est pas carliste. A la chambre, ils sont *un*. Toutefois cette opinion a montré du discernement dans son choix : M. Berryer est un avocat distingué du barreau de Paris. Il n'est pas homme à compromettre la cause qu'il défend; il ne se montre que dans les grandes occasions, et avec toutes les précautions et le langage convenables. Il a parlé sur l'hérédité de la pairie. M. Thiers a caractérisé d'une manière ingénieuse le discours de M. Berryer : Vous venez, lui a-t-il dit, de *jeter de l'huile sur du feu.* C'est, a répondu M. Berryer, *l'expression de ma conscience.* Il n'y a rien à dire : c'est un sanctuaire où personne n'a le droit de descendre. La marche adoptée par plusieurs partisans du pouvoir absolu n'est pas neuve : c'est une liberté illimitée qu'ils prêchent, des doctrines ultra-libérales, telles que nos exaltés sont quelquefois étonnés de rester en arrière; quelquefois aussi ils sont d'accord : les extrêmes se donnent la main. Il est certain que les journaux carlistes et quelques-uns de leurs abonnés se feront républicains avant d'être ministériels. La *Quotidienne* est le journal le mieux rédigé du parti, le plus conséquent avec ses principes : on doit lui savoir gré de sa franchise. Il est une chose dont elle doit être désabusée cependant : c'est qu'elle et ses amis sont les plus forts et les plus nombreux. Elle l'a dit long-temps; aujourd'hui, peut-être, se contente-t-elle de le penser. Plusieurs de ses articles sont bien écrits; ils renferment souvent quelques vérités et quelques bonnes leçons. Aujourd'hui qu'il n'y a aucun danger pour elle à lui rappeler le passé, on peut s'étonner de ce que, dans son aveuglement, elle ait poussé à des mesures extrêmes le pouvoir déchu. Elle n'a pas peu contribué, contre ses intentions, à accélérer sa chute. Quel exemple terrible pour les journaux qui, dans un sens inverse, aujourd'hui, voudraient pousser le pouvoir dans des voies dangereuses! Qu'ils sachent donc que les excès opposés conduisent souvent aux mêmes résultats. Nous ne pouvons parler des carlistes sans parler de la partie de la France où ils se trouvent en plus grand nombre, du Midi. Ces départemens sont voisins de l'Espagne. Les anciennes traditions ne sont point effacées de leur cœur. Il faut les respecter : le temps fera plus que tous les discours, que tous les actes de sévérité. Il faut se pénétrer de cette pensée, que, dans la partie méridionale, les passions y sont plus vives, les têtes plus ardentes; aussi nulle part l'exaltation des deux partis n'est-elle plus grande, et ne nécessite-t-elle davantage l'emploi de la force armée. Les autorités, dans cette partie de la

France, doivent être d'une fermeté, d'une justice éprouvées. Dans la Vendée, les souvenirs d'un héroïsme qui méritait de combattre pour une meilleure cause, et la distribution de la localité entretiennent l'espoir de quelques réfractaires que l'isolement conduit plutôt à des crimes qu'à des exploits militaires. Ce n'est qu'une parodie de la guerre de la Vendée. Le gouvernement, toutefois, a pris des mesures pour arrêter ce désordre; il a usé, il use encore de quelque indulgence. Il a raison, ce sont des Français qu'il a à ramener et non pas des étrangers à combattre; la persuasion est la seule arme qu'il faille employer en politique. Jamais, jamais de sang, c'est un principe éternel duquel il ne faut jamais s'écarter; on ne doit répandre que celui des assassins ou celui des ennemis sur le champ de bataille.

Il faut le dire, les départemens de l'Ouest sont ceux où les principes de la révolution ont poussé de plus profondes racines. J'appartiens à l'un d'eux (Charente-Inférieure); il ne le cède à aucun autre en patriotisme, en dévoûment au trône du roi-citoyen; interrogez les députations envoyées par ce département à la chambre depuis 1815; les électeurs ont toujours su vaincre les obstacles qu'on était si habile à faire naître. Interrogez surtout celle de 1831.

En 1830, six sur sept députés se sont ouvertement prononcés pour la révolution; l'un d'eux * a fait partie du gouvernement provisoire. Doué d'un caractère ferme, d'un cœur droit, d'un jugement sain, on peut regretter

* M. Audry de Puyraveau.

qu'il soit quelquefois l'adversaire des ministres. Mais , qu'importe , il sera toujours l'ami sincère de son pays. Il en est un autre qui a coopéré activement aussi à la révolution de juillet , il a pris part à toutes les délibé- rations qui en ont pour ainsi dire posé les bases , il les a voulues larges et populaires, son vote enfin a toujours été libre, indépendant et consciencieux. Comme un vieux soldat , il l'a donné à la patrie ; il a dû regretter que sa ville d'adoption l'ait oublié. On est sensible au refus d'une faveur que l'on croit mériter ; son âme, cependant , n'en conserve aucun souvenir fâcheux. Ses vœux sont tous pour la prospérité de ses concitoyens, il s'oc- cupe constamment à leur en donner des preuves. Le général Minot était plus qu'un bon député , c'est un homme de bien. Loin de moi la pensée de faire ici la censure de son successeur , que je n'ai pas l'honneur de connaître ; je dirai, au contraire, que , si j'en juge par le mérite des concurrens sur lesquels il l'a emporté aux élections, nous devons compter sur un excellent dé- puté de plus.

Tous les départemens de l'Ouest présentent la même unanimité dans leurs députations : les symptômes de révolte ne peuvent donc exister long-temps; sans guerre à l'extérieur, il ne peut y avoir de troubles sérieux à l'intérieur.

DU CRÉDIT ET DE LA BOURSE.

Les écus sont royalistes est une pensée qui ne manque pas de quelque justesse, mais elle manque de patriotisme dans le sens que nous l'entendions sous la restauration : avec Louis XVIII et Charles X, nous étions les prisonniers de la sainte-alliance ; si nous n'avions ni liberté ni gloire à acquérir, nous n'avions pas du moins la guerre à redouter ; on ne se bat pas avec ses geoliers. Les capitalistes, à quelques honorables exceptions près, ne sont pas de grands patriotes. L'or sèche l'âme, il ôte même jusqu'au courage. Je ne sache pas qu'il en soit péri beaucoup sur les barricades. Assez ordinairement exempts de génie, ils ne manquent pas de jugement : leur science, toute de calcul, est exacte ; ils cèdent rarement aux illusions généreuses. Les discours des Mirabeau, des Manuel, les beaux vers de MM. Barthélemy et Méry, les fines saillies du *Figaro*, les touchent peu et frappent moins agréablement leurs oreilles que le son d'un écu. Quand ils nous ont vu briser nos chaînes, ils nous ont considérés comme dés révoltés que les cosaques allaient mettre à la raison. Dès cet instant, le coffre a été fermé et la cachette préparée ; jamais, à aucune époque cependant, le petit commerce n'a eu plus besoin de leurs secours et ne les a implorés avec plus d'instances ; mais ces hommes, aussi

sourds , aussi cruels et inexorables que la mort ou le
choléra-morbus ,

« . . . . Se bouchent les oreilles
« Et nous laissent crier. . . . . »

Dans sa sollicitude, le gouvernement a créé une caisse
d'escomptes qui a rendu des services ; il ne fera que son
devoir en la maintenant, tant que les besoins du com—
merce l'exigeront. Il faut lui dire cependant que l'on se
plaint que la commission fait naître des difficultés nuisibles aux négociations, alors qu'elle devrait les faciliter.
Un fait n'a échappé à personne, c'est que, depuis
long-temps , la crise commerciale s'annonçait , les
causes en sont de beaucoup antérieures à 1830. Le développement, il faut en convenir , n'aurait pas été aussi
prompt ; mais, pour être reculé, il n'en aurait pas été
moins funeste. Aujourd'hui , du moins, des espérances
fondées nous restent, l'avenir se déroule devant nous,
avec des élémens d'une prospérité durable , la confiance
rendra aux relations commerciales la sécurité qui leur
manque.
Quant aux opérations de la Bourse , je n'en parlerai
qu'en ce qu'elles ont de plus commun avec les événemens politiques , il ne peut entrer dans mon plan de les
rappeler d'une manière plus étendue ; des volumes ne
suffiraient pas pour les apprécier, nous ne pouvons nier
que la hausse et la baisse ne soient un thermomètre qui
annonce au moins des espérances ou des craintes , souvent mal fondées , parce qu'il n'est pas donné aux

spéculateurs de prévoir précisément quel résultat réel aura l'événement qui l'a frappé ; il est certain qu'il a mal vu depuis six mois., il devait jouer à la hausse, car il n'y avait nulle part de motifs raisonnables de croire à la guerre. Cette espèce d'opération de la Bourse est un jeu, ce jeu est immoral, il éteint dans l'âme tous les sentimens généreux ; un joueur à la Bourse ne peut être un véritable patriote : une victoire pour lui est souvent une défaite pour son pays. Spéculer sur les malheurs de ses concitoyens, n'est pas une position durable, elle n'est surtout pas française. Non, des Français ne peuvent long-temps encore détourner des fonds plus noblement destinés à des entreprises commerciales, à des spéculations honorables qui rehaussent autant les arts, l'industrie, qu'elle leur profite, pour aller les engloutir dans des combinaisons infernales qui déshonorent autant ceux qu'elles enrichissent que ceux qu'elles ruinent. C'est au pouvoir à chercher à extirper cette passion. L'immoralité d'un peuple dépose souvent de celle du gouvernement.

CONCLUSION.

En faisant cet article de conclusion, j'ai été inspiré par ce précepte divin, que je devais faire pour autrui ce que j'aurais voulu qu'on fît pour moi, c'est-à-dire, que j'ai voulu éviter au lecteur de lire tout ce qui précède; je l'entends déjà me crier, comme un habile critique à certain auteur : *Et vous, l'avez-vous lu?* Oui, je l'ai lu une fois avant de le remettre à l'imprimeur. Par le même motif d'obligeance, je me hâte de prévenir ceux qui ont eu le courage d'arriver jusqu'à l'article des conclusions, de jeter là la brochure; qu'ils n'ont rien à apprendre de nouveau, et que les prophéties que je dois répéter ici se trouvent écrites dans les articles qui précèdent : j'ajouterai, en terminant, que j'en assume sur moi toute la responsabilité; je consens à être sifflé comme un auteur d'opéra ou de comédie, si mes prévisions ne s'accomplissent pas; je réclame seulement le temps moralement nécessaire pour que les acteurs, mis en scène, aient le temps d'achever leur rôle, pour qu'enfin la pièce soit jouée; je ne tiens pas du tout aux honneurs de l'annonce dans les journaux (les malins journalistes en devineront peut-être bien le motif); je demande qu'ils attendent que les faits aient parlé pour ou contre moi; d'ailleurs, en condamnant le style, la division des matières, la confusion qui règne dans le récit, etc., etc., ils n'apprendraient rien à personne; ils jugeraient des faits accomplis, connus; ils auraient donc moins de mérite que moi qui annonce l'avenir; je puis leur assurer, au surplus, que s'ils sont contens d'arriver à la fin du livre, pour mon compte, je n'en suis pas fâché, ne me faisant auteur et prophète que par occasion.

Je me résume, et je dis que le ministère Périer est le seul possible avec la chambre de 1831; que, dans la situation des esprits et l'état actuel des choses, des élections nouvelles ramèneraient à la chambre les mêmes opinions; je prédis que ce ministère sauvera la France; que la guerre est impossible; qu'il n'est pas aujourd'hui d'événemens qui puissent la faire éclater; que la continuation d'une paix assise sur des bases solides et aussi honorables que peut le désirer la nation française, nous est assurée pour long-temps; que, par suite, la confiance qui ne demande que des preuves de stabilité pour se montrer, rendra au commerce, à l'industrie et aux arts, les fonds que des craintes chimériques retiennent enfouis, ou portent vers des spéculations peu honorables ; que tous les Français mettront bas les armes et oublieront un passé que personne ne cherchera à rappeler; que la chambre des pairs, reconstituée, rivalisant avec celle des députés, ne reconnaîtra d'autre aristocratie que celle du talent, et d'autres priviléges que ceux qui s'acquièrent par des services rendus à la patrie.

A l'instant, je lis l'annonce d'une brochure de l'honorable M. Cabet; je regrette de ne l'avoir pas connue plus tôt; elle est intitulée : *Dangers de la situation présente*. Ce titre seul prouve que ses conclusions sont en opposition directe avec les miennes; pour continuer et être conséquent avec moi-même, je dirai : Non, M. Cabet, la restauration ne reviendra pas; non, le ministère ne tuera pas la révolution (il saura la diriger dans les voies qui lui appartiennent); non, enfin, la guerre n'aura pas lieu, même au printemps prochain, dernier terme que vous lui assignez. Le temps, ce grand juge, décidera entre le pessimiste et l'optimiste; j'attends son arrêt avec confiance; vous êtes trop homme de bien pour ne pas désirer que la victoire demeure de mon côté. Quelle que soit, au surplus, la sentence qui sera portée, elle ne laissera, j'en suis certain, aucune trace fâcheuse dans l'esprit de deux Français qui obéissent à des convictions. Les miennes sont, et j'aime à le répéter, que la France, oubliant bientôt toutes ses vicissitudes, ses souffrances, se reposera à l'ombre d'institutions stables et impérissables comme elle; que bientôt les adversaires des ministres, ceux qui peuvent l'être de notre jeune royauté, vaincus par la conviction, par la clémence plutôt que par les armes et la sévérité des lois, se confondront dans un même sentiment. En montrant le roi-citoyen armé du drapeau de Jemmapes et d'Austerlitz, les anciens carlistes s'écrieront : voilà la meilleure des monarchies; les républicains : *voilà la meilleure des républiques.* Ainsi soit-il.

NOTE.

* Le plus difficile n'est pas d'écrire, c'est de se faire lire. Un titre piquant, présomptueux même, peut quelquefois procurer cet avantage, c'est la réponse que je fais aux lecteurs qni pourraient condamner celui qui se trouve en tête de cette brochure. Il est tout-à-fait en dehors de mes habitudes. *(Note de l'auteur.)*

FIN.